Manfred Miethe

# Im Meer der Liebe

# IM MEER DER LIEBE

## Bestimmung und Sehnsucht der Seele

MANFRED MIETHE

SILBERSCHNUR VERLAG

MIX
Papier aus verantwortungsvollen Quellen
FSC® C014138
www.fsc.org



ISBN: 978-3-89845-404-9

1. Auflage 2013

Gestaltung: XPresentation, Güllesheim; unter Verwendung verschiedener Motive von www.fotolia.com
Druck: Finidr, s.r.o. Cesky Tesin

Verlag »Die Silberschnur« GmbH · Steinstr. 1 · 56593 Güllesheim
www.silberschnur.de · E-Mail: info@silberschnur.de

# Liebe gibt Leben

Wir können jahrelang ohne Berührung existieren, wochenlang ohne feste Nahrung auskommen, tagelang auf Wasser und andere Flüssigkeiten verzichten, minutenlang den Atem anhalten, aber wir können nicht eine einzige Sekunde lang ohne Liebe leben.

Denn Liebe ist die Macht, aus der jede Zelle unseres Körpers aufgebaut ist; Liebe ist die Energie, die uns belebt und aus einer Hülle aus Haut und Knochen einen Menschen macht; Liebe ist die Lebenskraft, die wir mit der Nahrung in uns aufnehmen und die mit der Atemluft in unsere Lungen strömt; Liebe ist die Süße des Lebens, die wir immer hinunterschlucken, ganz gleich was wir trinken mögen; Liebe ist die Würze des Lebens, die durch die Hände und Lippen anderer Menschen auf uns übertragen wird.

# Die liebevolle Umarmung der Existenz

Liebe ist ein Geschenk der Existenz, mit dem sie uns daran erinnern möchte, dass unsere wahre Heimat in der Einheit liegt und nicht in der Trennung.

Aus der Welt des Ungeformten, in der alles eins ist und in der wir, ohne um unsere Individualität zu wissen, traumgleich dahinschweben, sind wir in die Welt der Materie gekommen, in der wir uns als von anderen getrennte Individuen wahrnehmen.

Liebe ist die Brücke, die Zeit und Raum überwindet und uns mit allem verbindet, was war, was ist und was sein wird. Liebe erinnert uns daran, dass wir nicht allein sind und dass wir immer sicher in die

Existenz eingebettet bleiben und niemals aus ihrer liebevollen Umarmung herausfallen können.

# Im Einklang mit anderen Herzen

Es ist ein herrliches und wunderbares Gefühl, die Erfahrung der Liebe mit einem anderen Menschen zu teilen. Geteilte Liebe ist nicht einfach doppelte Liebe, sondern ein Vielfaches dessen, was allein möglich ist.

Das Herz ist kein Einzelgänger, es möchte im Einklang mit anderen Herzen schlagen. Und wer schon einmal still mit dem geliebten Menschen dagelegen hat, ihm ruhig in die Augen geschaut und gespürt hat, wie sich der Rhythmus zweier Herzen einander angleicht, bis aus ihm einer geworden ist, der weiß um die Magie der Liebe, die aus zwei scheinbar voneinander getrennten Individuen ein neues Wesen schafft, das weit mehr ist als nur die Summe seiner Teile.

# Im Meer der Liebe

Die Liebe, nach der wir uns so sehr sehnen und die wir über uns selbst und andere ausschütten möchten, entsteht nicht in unserem Herzen. Das menschliche Herz ist vielmehr ein Wahrnehmungsorgan, das die große Liebe, die uns umgibt und in der wir in jedem Augenblick unseres Lebens schwimmen wie ein Fisch im Wasser, wahrnimmt und empfängt.

Und so wie der Fisch nicht weiß, dass er im Wasser schwimmt, weil für ihn ein Leben außerhalb dieses Elementes ganz unmöglich wäre und er elend ersticken müsste, so spüren auch wir meistens nicht, dass wir Wesen sind, die in einem Meer aus Liebe schwimmen und keinen Augenblick ohne diese Liebe leben könnten.

Und so wie ein Blinder nicht weiß, wie herrlich ein Sonnenuntergang anzusehen ist, so wissen auch wir nicht, zu welch großer Liebe wir fähig sind, solange wir die Schlösser zu unseren Herzen nicht öffnen.

# Eins mit allem, was lebt

Sobald wir aber die Schlösser geöffnet haben, die uns selbst und andere daran hindern, in den heiligen Raum des Herzens einzutreten, stehen wir staunend in einer neuen Welt – einer Welt, die wunderbarer ist, als wir es uns jemals vorstellen könnten.

Wenn wir erst einmal mit vollem Bewusstsein erfahren haben, dass wir Wesen sind, die das Meer der Liebe durchschwimmen, gibt es kein Zurück mehr in die kalte Welt der Lieblosigkeit. Wenn wir unsere göttliche Natur erkannt haben, wollen wir immer und immer wieder eintauchen in die Liebe, verschmelzen mit dem Urgrund des Lebens und eins werden mit allem, was lebt und liebt.

## Das offene Herz

Wenn wir einen Menschen lieben, sollten wir nie vergessen, dass auch er – wie wir selbst – ein Wesen ist, das der Liebe bedarf, um zu leben.

Wenn wir einen Menschen lieben, schenken wir ihm in gewissem Sinn ein neues Leben, denn ohne Liebe ist das Leben sinnlos und leer. Aber wir schenken auch uns selbst das Leben, denn das, was wir geben, kehrt tausendfach zu uns zurück.

Wenn wir unser Herz öffnen und einen anderen Menschen hineinlassen, öffnen wir uns für die große Liebe, die uns umgibt, und werden von ihr genährt. Und je mehr wir uns dieser Liebe öffnen, desto mehr können wir lieben und dazu beitragen, dass sich auch die Herzen anderer

Menschen öffnen und auch sie an den Segnungen eines erfüllten Lebens teilhaben können.

## Leuchtende Wesen

Ist es nicht erstaunlich, dass wir dann am glücklichsten sind, wenn wir uns selbst völlig vergessen und ganz in der Liebe zu einem anderen Menschen aufgehen?

In diesen gesegneten Augenblicken vergessen wir aber nur unsere Persönlichkeit mit all ihren Freuden und Sorgen, Leidenschaften und Ängsten, Vorlieben und Abneigungen, mit der wir uns im Allgemeinen identifizieren.

Aber ein Mensch ist weder seine Gedanken noch seine Gefühle oder sein Körper; er kann nicht durch seinen Namen, sein Alter oder seinen Beruf beschrieben werden; sein Wesen kann nicht in Kategorien wie “alt” oder “jung”, “erfolgreich” oder “erfolglos”, “reich” oder “arm” erfasst werden.

Wenn wir vergessen, wer wir zu sein glauben, und einfach lieben, bekommen wir eine Ahnung davon, wer wir wirklich sind: Funken des Göttlichen, leuchtende Wesen jenseits von Zeit und Raum.

# Das Alpha und das Omega des Lebens

Die Liebe ist das Alpha und das Omega unseres Lebens; sie ist unser Anfang und unser Ende, unsere tiefste Sehnsucht und unsere höchste Bestimmung; ohne sie ist nichts möglich, aber mit ihr alles.

Unser Herz zu öffnen, die Liebe bewusst wahrzunehmen und zu erkennen, dass wir uns immer in ihr bewegen, ist der Weg zu innerem Frieden und einem erfüllten Leben. Kein Mensch kann außerhalb der Liebe leben, aber die meisten von uns sind sich nicht bewusst, dass wir immer sicher in ihr aufgehoben sind.

Ein Mensch wird erst dann wahrhaft zum Menschen, wenn er liebt. Das Herz ist das Zentrum des Menschen, und seine

Fähigkeit zu lieben, ist seine größte Errungenschaft.

# Die Urkraft des Universums

Mit Liebe, wie ich sie hier beschreibe, meine ich die Urkraft, die die Welt in ihrem Innersten zusammenhält; die Macht, die Galaxien wie Federn durch das Universum schweben und Planeten mit unvorstellbarer Präzision um Sonnen kreisen lässt, die aus Wolken bunten kosmischen Staubs unvergleichlich schöne Sternsysteme kreiert, die unermüdlich und unaufhörlich die Milliarden Formen des Lebens erschafft und ohne die der Urknall nur ein jämmerliches Wimmern in der Leere gewesen wäre.

Und Leben? Ohne Liebe wäre es nie entstanden.

## Bedingungslos

Ich meine hier nicht die kleine Liebe, die wir an Bedingungen knüpfen und die wir nur denjenigen gewähren, die sich so verhalten, wie wir es wollen. Ich meine hier auch nicht die kleine Liebe, die wir bekommen, wenn wir brav sind oder treu und alles so machen, wie es unserem Partner gefällt.

Eine Liebe, die wir uns durch richtiges Verhalten verdienen können, ist eben an dieses Verhalten geknüpft und wird uns bei jedem Fehlverhalten sofort wieder entzogen werden. Das ist keine Liebe, sondern ein Geschäft, bei dem jeder der Partner etwas gibt, was der andere braucht, um im Austausch etwas zu bekommen, das er selbst braucht. Dabei achten beide Partner sorgsam darauf, nie zu viel zu geben – und für den Fall des Falles vorsichtshalber noch ein paar Trümpfe im Ärmel zu behalten.

# In unseren kühnsten Träumen

Diese kleine Liebe ist nur ein kümmerlicher Ersatz für die große Liebe, die möglich ist, wenn wir uns ihr wirklich hingeben. Aber davor haben wir häufig Angst, weil wir in unserem Herzen wissen, dass diese Liebe keine Kompromisse schließt und dass sie uns ganz will oder gar nicht.

Wir spüren, dass wir mit dieser mächtigen Liebe nicht verhandeln können, dass sie uns mit Haut und Haaren verschlingen möchte und von dem kleinen Ich, das wir zu sein glauben, nichts weiter übrig lassen wird als ein Häufchen Staub. Aber wir ahnen auch, dass uns die große Liebe in Sphären erheben kann, die wir uns selbst in unseren kühnsten Träumen nicht auszumalen wagen – und das macht uns genauso viel Angst.

Denn wir fürchten uns nicht nur davor, klein und minderwertig zu sein und die Liebe nicht zu verdienen, sondern auch davor, groß und mächtig zu sein und mit Liebe überschüttet zu werden.

## Frei gewährt und geschenkt

Niemand kann sich die Liebe verdienen, sie ist ein frei gewährtes Geschenk und an keinerlei Bedingungen geknüpft. Jede Mutter weiß das, wenn sie ihr Baby in den Armen hält. Sie ist einfach überwältigt von der großen Liebe, mit der sie überschüttet wird und die sie auf ihr Kleines überträgt. So wie eine Mutter nicht anders kann, als ihre Kinder zu lieben, so kann auch ein Mensch, dessen Herz offen ist, nicht anders, als alle Menschen zu lieben und sie in ihrer Einmaligkeit zu respektieren.

Liebe bereichert nicht nur den, der geliebt wird, sondern vor allem den, der liebt. Und: Liebe muss frei sein, damit sie uns frei machen kann.

## Der Glanz der Liebe

In seltenen und schon deshalb so kostbaren Augenblicken können wir die große Liebe wahrnehmen, und dann erstrahlt die Welt für uns in einem neuen Glanz. Es ist aber nicht die Welt, die sich plötzlich verändert hat, sondern lediglich unsere Wahrnehmung der Welt.

Da, wo eben noch alles grau in grau war, leuchten auf einmal Regenbogen; da, wo eben noch schrille Misstöne unsere Ohren attackierten, vernehmen wir plötzlich himmlische Symphonien; da, wo eben noch tausend Stimmen in unserem Kopf um unsere Aufmerksamkeit bettelten, herrscht plötzlich eine tiefe Stille; da, wo wir eben noch nach Fehlern suchten und den Partner und uns selbst unbarmherzig kritisierten, akzeptieren wir schlagartig unsere eigene

Vollkommenheit und die des anderen Menschen: Wir haben die allgegenwärtige Macht der Liebe erkannt.

# Der Morgen danach

Sind Sie schon einmal nach einer besonders ekstatischen Liebesnacht morgens um sechs mit der U-Bahn nach Hause gefahren? Überall um sich herum blicken Sie in graue, müde Gesichter, die von Menschen aufgesetzt werden, denen das Leben eine Last und eine Mühsal ist.

Aber die Gesetze, denen auch Sie sich unterworfen glaubten, haben mit einem Mal ihre Gültigkeit verloren, und für Sie strahlt alles einen überirdischen Glanz aus. Sie bewegen sich in einer Wolke aus Glückseligkeit und erkennen die Liebe, die uns alle umgibt und die uns alle von innen heraus leuchten lässt – auch die müden und traurigen Gesichter der anderen Menschen, die sich unausgeschlafen zur Arbeit quälen.

Gestern glaubten Sie noch, immer zu kurz zu kommen und nie genug zu haben, und heute verstehen Sie mit einem Mal, wie reichlich uns das Leben in jedem Augenblick mit Liebe überschüttet – ob wir es nun wahrnehmen oder nicht.

# Der Nektar des Lebens

Wenn wir aus vollem Herzen und aus tiefster Seele lieben, brauchen wir nicht länger nach dem Sinn des Lebens zu fragen, weil wir nun um ihn wissen.

Wir brauchen auch nicht mehr nach ihm zu suchen, weil wir ihn auf unserer Zunge kosten können wie eine köstliche Frucht und ihn auf unserer Haut fühlen können wie kühlen Regen an einem heißen Sommertag.

Wir brauchen nicht länger darüber zu spekulieren, weil wir ihn wie einen Sonnenaufgang nach dem Gewittersturm erblicken und ihn wie die Sinfonie der Vögel an einem erwachenden Morgen hören können.

Wir brauchen nicht mehr an ihm zu zweifeln, weil wir ihn während der ekstatischen Umarmung auf der Haut des geliebten Menschen riechen können.

Wir brauchen nicht länger um einen Sinn in unserer Existenz zu kämpfen, weil sich alle unsere Sinne der Liebe geöffnet haben und sie in sich einsaugen wie den Nektar des Lebens.

# Mit allen Sinnen

Hat sich das Herz erst einmal geöffnet, um die Liebe zu empfangen, ist sie mit allen Sinnen erfahrbar und wird so von einer romantischen Idee, der viele Menschen ein Leben lang nachlaufen, ohne sie jemals zu finden, zu einer Gewissheit, die jeden Gedanken, jedes Gefühl und jede Handlung durchdringt.

Liebe ist nichts, das wir für einen Menschen allein reservieren und von dem wir alle anderen Wesen ausschließen können. Liebe will geteilt werden, sie will sich ausbreiten und jedes Herz berühren. *Sex* kann sich in einem Moment auf einen Menschen beschränken, die *Liebe* kann das nicht.

Die Liebe kann sich ebenso wenig begrenzen, wie es das Meer oder die Wolken können. Sie will überallhin fließen und sich über alles ergießen; sie will sich über alle Grenzen hinwegsetzen und ihre Form ständig verändern.

Die Liebe will nicht abseitsstehen und gerufen werden, wenn wir etwas Zeit für sie übrig haben; sie möchte unser ständiger Begleiter sein.

# Das Geheimnis der Liebe

Liebe ist keine Tätigkeit, sie ist ein Zustand. Liebe geht weder von uns noch von einem anderen Menschen aus, sie umgibt uns ständig. Liebe ist weder an Bedingungen geknüpft noch ist sie von bestimmten äußeren Umständen abhängig. Liebe bittet nicht, sie befiehlt.

Wir können über die Liebe nachdenken, so lange wir wollen, wir werden sie dennoch niemals ergründen, weil sie sich dem menschlichen Verstand entzieht. So wie wir uns Konzepte wie "ewig" und "unendlich" nicht vorstellen können, weil unser Gehirn weder ewig noch unendlich ist, so können wir auch das Geheimnis der Liebe nicht ergründen, indem wir es logisch untersuchen, weil die Liebe ihren eigenen Gesetzen folgt. Das Geheimnis der Liebe – und ihre heilende

Kraft – erschließt sich uns nur dann, wenn wir uns ihr ganz hingeben und tief in sie eintauchen. Liebe lässt sich nämlich nur von innen heraus verstehen und niemals von außen.

## Liebe folgt ihren eigenen Gesetzen

Über Liebe lässt sich nicht diskutieren oder gar streiten. Was für einen Menschen Liebe ist, erscheint dem anderen wie Idiotie; was den einen völlig unberührt lässt, versetzt den anderen in Ekstase. Die Liebe folgt ihren eigenen Gesetzen; sie taucht bald in dieser, bald in jener Form auf, und jeder Mensch nimmt sie anders wahr. Es gibt keinen Standard, der für alle Menschen gleich wäre.

Sie mag zu uns kommen, wenn wir das Gesicht eines neugeborenen Kindes berühren; sie mag in uns aufkeimen, wenn wir den Duft der Haut eines anderen Menschen riechen; sie mag über uns ausgeschüttet werden, wenn wir einen Sonnenuntergang betrachten oder Zeuge werden, wie zwei Menschen aufeinander zugehen und sich nach einem langen Streit versöhnen; sie mag uns überwältigen, wenn wir am Sterbebett unserer Eltern stehen und ihnen zum letzten Mal in die müde gewordenen Augen schauen.

## Liebe ist die Herrscherin

Die Liebe ist nicht unsere Sklavin, der wir Befehle erteilen können und die es sich gefallen lässt, dass wir sie nur dann um uns dulden, wenn uns gerade danach ist, und die wir verjagen können, wenn wir ihrer überdrüssig geworden sind.

Die Liebe ist die Herrscherin, die über unser Leben bestimmt. Wenn sie uns anlächelt, erstrahlt die Welt in den schönsten Farben, und wir fliegen schwerelos durch ein Universum der Freude. Wenn wir uns von ihr abwenden, erkaltet die Welt, und wir stürzen in den Abgrund tiefster Sinnlosigkeit.

Wir können die Liebe nicht in unser Leben zwingen, aber wir können sie einladen und ihr in unserem Herzen ein Heim herrichten. Dann müssen wir uns nur noch bereithalten und unser Herz von der Liebe füllen lassen.

## Die Liebe sehnt sich nach uns

Wir brauchen die Liebe, um ein sinnerfülltes Leben zu führen, aber – die Liebe braucht auch uns. Sie braucht Wesen wie uns, die sich ihrer selbst bewusst sind und die sich aus freiem Willen für die Liebe entscheiden können. Sie will sich nicht nur im Tanz der Planeten und in der Geburt neuer Galaxien ausdrücken, und sie möchte mehr sein als nur der Grund für den Balztanz der Vögel oder das Paarungsgehabe anderer Tierarten.

Die Liebe sehnt sich danach, anerkannt zu werden; sie möchte von uns verehrt und besungen werden; sie hungert danach, sich in den zärtlichen Blicken der Menschen zu zeigen und durch sanfte Berührungen ausgedrückt zu werden.

Die Liebe möchte Leben erzeugen und uns Lust spenden, sie möchte Leben nähren und uns Hoffnung geben, sie möchte Leben gebären und uns Freude bereiten.

# Nicht ohne die Liebe

Wir alle sehnen uns danach zu lieben; uns alle verlangt es danach, einem anderen Menschen in die Augen zu schauen und die Worte sagen zu dürfen: "Ich liebe dich!"

Wir alle hungern danach, geliebt zu werden; uns alle dürstet es danach, einem anderen Menschen in die Augen zu schauen und die Worte zu hören: "Ich liebe dich!"

Selbst wenn es manche von uns nicht wissen, so sehnen doch auch sie sich danach. Wer sagt, er brauche keine Liebe, hat sich so sehr von seinem Herzen abgeschnitten, dass er in der Kälte der Lieblosigkeit existieren kann. Es ist wahr, dass es Menschen gibt, die ohne Liebe *existieren* können, aber *leben* können sie ohne sie nicht.

Liebe ist unsere tägliche Nahrung, die köstlich wie ein Pfirsich auf der Zunge zergeht und uns nährt; Liebe ist die Luft, die nach Rosen duftet und die wir täglich zum Atmen brauchen; Liebe ist Wasser, das wie Wein schmeckt und von dem wir trunken werden, ohne jemals einen schalen Nachgeschmack auf der Zunge zu spüren.

## Ganz oder gar nicht

Liebe ist im Überfluss vorhanden und steht jedem Menschen in unbegrenzter Menge zur Verfügung. Wir können sie aber nicht zwingen, zu uns zu kommen, sondern wir können nur um sie bitten, indem wir unser Herz öffnen. Die Liebe kann ihre Heimat aber nicht in einem Herzen finden, das durch Sicherheitsschlösser und Stacheldraht gesichert ist. Solange wir glauben, wir müssten uns schützen, indem wir unser Herz nur ein wenig öffnen, um es notfalls schnell wieder zumachen zu können, wird die Liebe nicht zu uns kommen.

Sie sehnt sich nämlich nach mutigen Menschen, die sich ihr bedingungslos hingeben und die ihr blindlings und ohne zu zögern folgen, wohin sie sie auch führen mag. Liebe ist nichts für Angsthasen, die erst einmal ein bisschen lieben und nicht gleich zu viel riskieren wollen. Wer lieben möchte, muss bereit sein, das größte Risiko seines Lebens einzugehen, denn wer sich der Liebe hingibt, wird von ihr auf eine Reise mitgenommen, von der er nicht weiß, wohin sie ihn führen wird – und von der er niemals zurückkehrt.

# Keine Liebe ohne Risiko

Wollen wir nicht unsere Vorsicht über Bord werfen und eintauchen in das Meer der Liebe? Was haben wir zu verlieren, wenn wir einem anderen Menschen unsere Gefühle offenbaren?

Es ist gut, sich auszumalen, was schlimmstenfalls passieren könnte. Angenommen, Sie sagen einem Menschen, in den Sie schon seit langem verliebt sind, welche Gefühle Sie ihm gegenüber hegen. Stellen Sie sich vor, was das Schlimmste ist, das er dann tun könnte. Lachen? Ungläubig schauen? Rot werden? "Nein danke" sagen? Malen Sie sich aber auch aus, was das Beste ist, das Ihnen möglicherweise passieren könnte.

Es gibt keine Liebe ohne Risiko.

Wenn wir nicht bereit sind, uns zurückweisen und verletzen zu lassen, werden wir niemals erfahren, welche Gefühle ein anderer Mensch für uns hegt.

# Lieben und geliebt werden

Wir alle sehnen uns danach, zu lieben und geliebt zu werden. Aber keine Macht der Welt kann einen anderen Menschen zwingen, uns seine Liebe zu schenken oder unsere Liebe anzunehmen. Wir können betteln, fluchen, jammern, drohen, bitten und erpressen, aber Liebe lässt sich nicht erzwingen. Sie wird uns geschenkt oder eben nicht geschenkt.

Liebe kann weder verdient noch erschlichen werden. Ein Mann kann den Körper einer Frau kaufen und ihn benutzen, aber ihr Herz kann sie ihm nur schenken. Eine Frau kann einem Mann den Kopf verdrehen und ihn um den Verstand bringen, aber sein Herz kann er ihr nur schenken.

*Menschen* können bestochen, überredet oder gekauft werden, aber ihre *Herzen* nicht.

# Liebe, Donner und Blitz

Liebe ist weder logisch noch den Gesetzen von Ursache und Wirkung unterworfen. Ihr ist es gleich, ob sie gelegen kommt oder nicht und ob sie gerade in die Lebensplanung passt oder nicht. So wie der Regen nicht fragt, bevor er auf die dürstende Erde fällt, so wie der Wind nicht darum feilscht, blasen zu dürfen, so wie die Sonne niemanden um Erlaubnis bittet, bevor sie scheint, so kümmert es auch die Liebe nicht, ob sie zur rechten Zeit kommt oder nicht.

Liebe ist eine Urgewalt wie Donner und Blitz, wie Erdbeben und Überschwemmungen; sie muss sich äußern, sie muss ausbrechen aus allen Begrenzungen, sie muss sich verwirklichen, sie kann nicht warten, sie will sich immer hier und jetzt über uns ausschütten.

# Liebe ist immer anders, als man denkt

Es interessiert die Liebe nicht, ob eine Frau schön ist, ob sie einen runden Busen oder lange Beine hat, denn sie richtet sich nicht nach Äußerlichkeiten. Viele Männer mögen den Körper einer solchen Frau begehren, aber lieben tun sie nicht sie selbst, sondern das Bild, das sie sich von ihr machen.

Und wenn der Körper besessen wurde, tritt Langeweile ein, denn der Körper wurde nicht begehrt und verehrt, weil er der äußere Ausdruck einer Seele in der Welt ist, sondern weil er den gängigen Klischees von Schönheit entsprach.

Und wenn sich herausstellt, dass ein Klischee nicht die Wirklichkeit sein kann, wendet sich der Mann enttäuscht einer anderen Frau zu, die seinen Phantasievorstellungen eher entspricht. Wenn die erste Gier, die für Liebe gehalten wurde, gesättigt ist, zieht es den Mann wieder hinaus aus der realen Welt der Liebe in die Phantasiewelt seiner Vorstellungskraft.

# Liebe macht weise

Es interessiert die Liebe auch nicht, ob ein Mann gut aussieht, ob er einen knackigen Hintern hat oder ein dickes Bankkonto. Es interessiert sie ebenso wenig, ob er einen Bauch hat, hässlich oder arm ist. Denn Liebe besitzt die erstaunliche Macht, einen unrasierten Frosch in einen Prinzen zu verwandeln und eine armselige Hütte in einen Palast.

Das liegt aber nicht daran, dass Liebe dumm macht und uns etwas vorgaukelt, was nicht wirklich da ist. Im Gegenteil: Liebe macht weise. Sie lässt uns den Prinzen im Frosch erkennen und den Palast unter dem Staub der Hütte.

## Der Schatten des Elefanten

Die Liebe lässt uns verstehen, wie die Dinge wirklich sind, und hebt sich lachend über unsere normalerweise begrenzte Wahrnehmungsfähigkeit hinweg. Sie ermöglicht es uns, die Wirklichkeit direkt und ohne die Filter unserer vielen Vorurteile zu erkennen, von denen wir überhaupt nicht mehr wissen, dass wir die Welt ständig durch sie betrachten.

Das, was die Welt normalerweise für uns ist, ist nichts als der Schatten dessen, was sie wirklich ist. Wir gleichen Menschen, die den Schatten eines Elefanten für den Elefanten selbst halten und die verlernt haben, den Kopf zu heben, um das riesige Tier in all seiner Pracht zu bestaunen.

Ohne Liebe ist die Welt ein zweidimensionales Schattenreich, in dem die Bewohner mit gesenkten Köpfen umherschleichen; mit ihr ist sie ein magisches Zauberland, in dem alles möglich ist.

# Liebe macht sehend

Liebe macht nicht nur weise, sie macht auch im Gegensatz zu dem, was das alte Sprichwort behauptet, nicht blind, sondern sehend. Begierde macht blind, aber die Liebe ermöglicht uns eine neue Art des Sehens, die das ursprüngliche Sehen des Menschen ist. Sie nimmt uns den grauen Schleier unserer Konditionierung von den Augen, der aus Ängsten und Vorurteilen, Meinungen und Phantasievorstellungen gewebt ist und der uns bisher die Sicht auf die Wirklichkeit getrübt hat.

Befreit von diesem Grauschleier können wir nun endlich einen Menschen so wahrnehmen, wie er wirklich ist: einzigartig und vollkommen, liebenswert und liebesfähig. Und wir erkennen, dass wir nicht wirklich voneinander getrennt, sondern auf ewig miteinander verbunden sind, und dass das Glück des anderen immer auch unser eigenes Glück ist.

## Der Zustand der Unschuld

Wenn wir nach den stürmischen Tagen und Nächten der ersten Verliebtheit anfangen, Fehler und Schwächen an unserem Partner zu entdecken, glauben wir, dass wir die Dinge nun so sehen, wie sie wirklich sind, und dass wir uns im Überschwang leidenschaftlicher Gefühle im Partner getäuscht hatten – oder sogar von ihm getäuscht wurden.

In Wahrheit sind wir einfach wieder aus dem Zustand der Unschuld herausgefallen, in dem wir eine Zeit lang das göttliche Wesen des geliebten Menschen erkennen konnten, weil wir durch seine Fassade hindurchgeschaut haben. Der Mensch, der in seiner leuchtenden Schönheit eben noch so durchsichtig für uns war, verfestigt sich nun wieder zu einer Persönlichkeit mit Schwächen und Stärken, Vorlieben und Abneigungen und einigen Eigenschaften, die wir als positiv, und anderen, die wir als negativ beurteilen. Dabei hat *er* sich wahrscheinlich überhaupt nicht verändert.

# Mit den Augen der Liebe

Ein Mensch, der mit den Augen der Liebe sieht, teilt weder die Welt noch sich selbst und andere Menschen in Kategorien wie "gut" und "böse", "angenehm" und "unangenehm", "schön" und "hässlich" ein. Denn mit den Augen der Liebe können wir endlich erkennen, dass *jeder* Mensch ein strahlender Ausdruck des Lebens ist und ein einmaliger und unwiederholbarer Versuch des Universums, sich auszudrücken.

Wir verstehen dann auf einmal auch, dass jeder Mensch seinen ganz speziellen Teil zur Schönheit des Universums beiträgt und dass in jedem Menschen ein Herz schlägt, das liebesfähig ist und sich öffnen möchte.

Wer mit den Augen der Liebe sieht und mit den Ohren der Liebe hört, erkennt, dass die Welt kein Ort der Finsternis ist, sondern eine Oase des Lichts.

# Eine bessere Welt

Die Nachrichten sind voll von Berichten über Grausamkeit und Lieblosigkeit, über Gewalttätigkeit und Gleichgültigkeit. Sie berichten fast ausschließlich von den negativen Ereignissen in der Welt, von denen viele Menschen betroffen sind.

Aber das Leben der meisten Menschen wird nicht vom Krieg, sondern vom Frieden bestimmt; auf jeden "schlechten" Menschen kommen hundert "gute". Die Welt ist nicht, wie sie in den Nachrichten dargestellt wird, denn dort sehen wir nur Ausschnitte, aber niemals das ganze Bild.

Jeder Mensch sehnt sich nach Liebe; jeder Mensch möchte lieben und geliebt werden; jeder Mensch möchte anerkannt und für das akzeptiert werden, was er ist. Jeder

Mensch möchte geehrt und geachtet werden. Jeder Mensch ist einzigartig und trägt seinen kleinen Teil zum Ganzen bei.

Was hindert uns daran, uns selbst und andere zu lieben, uns selbst und andere zu achten und zu respektieren? Was hindert uns daran, unser Leben in die Hand zu nehmen und hier und heute eine bessere Welt zu kreieren?

# Liebende sind keine Mechaniker

Die Augen der Liebe können nur die Einheit sehen und nicht die Trennungen; für sie gibt es nur Ergänzungen und keine Gegensätze. Wer mit den Augen der Liebe sieht, erkennt den anderen Menschen als Ganzes und beschränkt sich nicht länger auf dessen Einzelteile.

Für einen Automechaniker ist es wohl sinnvoll, ein kaputtes Auto in seine Einzelteile zu zerlegen, um das Problem zu finden, aber – obwohl wir uns oft genau so verhalten – ein Mensch ist keine Maschine und ein Liebender kein Mechaniker.

Probleme in einer Liebesbeziehung können nicht gelöst werden, indem wir uns auf die Einzelheiten konzentrieren, die uns stören, und an Symptomen herumdoktern. Eine Beziehung kann nur dann Erfüllung bringen, wenn wir bereit sind, unseren Partner ohne Wenn und Aber zu akzeptieren und ihn auf seinem Weg zu seiner höchsten Vollendung bedingungslos zu unterstützen.

## Der Weg der Liebe

Es gibt viele spirituelle Wege, die den Menschen über sein hautverkapseltes Ich hinausheben und ihm höchste Erfüllung und Selbstverwirklichung bringen sollen. Von alters her ist der Königsweg zur Vervollkommnung des Menschen der Weg der Liebe.

Nur wer fähig ist, sich selbst und alle Wesen bedingungslos zu lieben, hat wirklich verstanden, warum wir hier auf Erden sind: Wir sind hier, um in der Welt der Trennungen durch die Liebe zu lernen, alle Trennungen zu überwinden, und um zu erkennen, dass wir alle eins sind, dass wir alle aus demselben Urgrund des Lebens stammen und zu ihm zurückkehren werden.

Wir geben diesem Urgrund, der die Basis allen Lebens ist, viele Namen: Gott, Tao, Allah, Jahwe, Brahman, Nirwana, das Universum, die Existenz. Aber ganz gleich, wie wir es nennen, meinen wir doch immer nur das Eine, das kein Name je beschreiben könnte und nach dem wir uns über alles sehnen.

# Jenseits aller Worte

So wie sich die höchste Realität, in der sich das Leben des Menschen abspielt, nicht benennen lässt, so können wir auch das Wesen der Liebe nicht angemessen beschreiben. Liebe muss erfahren werden, um sie zu verstehen.

Wer in das Meer der Liebe eintaucht, der findet sich in einem Raum tiefen Friedens und absoluter Stille wieder, in der das kleine individuelle Ich aufgehört hat zu existieren.

Dieser Verlust der Persönlichkeit, den wir als Tod des Egos umschreiben können, hat aber beileibe nichts Erschreckendes oder Angstmachendes, sondern ist eine Erfahrung höchster Glückseligkeit. Ist es nicht erstaunlich, dass wir erst dann wirklich glücklich sind, wenn wir nicht mehr als individuelles Wesen existieren, und dass wir erst begreifen, wer wir wirklich sind, wenn es niemanden mehr gibt, der darüber nachdenken könnte?

# Zu Hause

Wer ist eigentlich unglücklicher zu nennen: derjenige, der einen anderen liebt, aber von diesem nicht wiedergeliebt wird, oder derjenige, der geliebt wird, aber nicht lieben kann?

Der Volksmund will es, dass es eine Tragödie ist, zu lieben und nicht geliebt zu werden. Aber ist es wirklich so?

Wer liebt, lebt in einer strahlenden Welt, in der alles von Schönheit und Sinn durchdrungen und Teil eines unteilbaren Ganzen ist. Wer liebt, hat seinen Frieden gefunden und ist zu Hause angekommen.

Wer nicht liebt, lebt in einer freudlosen Welt, in der alles nach seinem Nutzwert bestimmt wird und in der es nur Gegensätze und Trennung gibt. Wer nicht liebt, irrt hilflos in der Kälte umher und sucht verzweifelt seinen Weg nach Hause – in den warmen Palast der Liebe.

# Ein Übermaß an Liebe

Ist es eigentlich möglich, zu sehr geliebt zu werden? Können Sie sich vorstellen, dass Sie so viel Liebe bekommen, dass es Ihnen zu viel wird?

Wir alle kennen Eltern, die ihre Kinder mit etwas erdrücken, das sie für Liebe halten, das aber in Wirklichkeit Besitzdenken und Angst vor dem Loslassen ist; jeder von uns kennt Männer, die ihre Frauen anscheinend vergöttern und sie in Wirklichkeit nur – aus Angst, sie zu verlieren – in goldene Käfige gesperrt haben; wir alle kennen Frauen, die sich aus Angst, verlassen zu werden, an Männer klammern, die sie ausnutzen und erniedrigen. Das alles ist aber keine Liebe, sondern Angst.

Vergessen Sie all das, wenn Sie über die Frage nachdenken: Wenn der Mensch, der Sie liebt, Sie so akzeptiert und verehrt, wie Sie sind, ist es dann möglich, zu sehr geliebt zu werden?

# Liebe ist ihr eigenes Licht

Begierde hat nichts mit Liebe zu tun, auch wenn sie häufig mit dieser verwechselt wird. Wenn ich jemanden "haben" möchte, aber nicht bekommen kann, heißt das noch lange nicht, dass ich diesen Menschen auch liebe. Wahrscheinlich möchte ich einfach nur etwas besitzen, was mir gefällt.

Liebe bereichert das Leben dessen, der liebt, ganz gleich ob sie erwidert wird oder nicht. Begierde hingegen zerstört das Leben dessen, der etwas begehrt und es nicht bekommen kann.

Die Liebe genügt sich selbst, sie will weder besitzen noch über andere Menschen bestimmen. Sie ist ihr eigenes Licht und scheint auch in der dunkelsten Nacht der Seele.

# Um unserer selbst willen

Wir möchten um unserer selbst willen geliebt werden – und nicht weil wir schön oder intelligent, reich oder berühmt sind. Wir möchten, dass unser inneres Wesen verehrt wird und nicht nur unsere äußere Erscheinung.

Wir möchten nicht nur dann geliebt werden, wenn es uns gut geht und alles in unserem Leben "nach Plan" verläuft, sondern auch – und besonders – dann, wenn wir uns ganz elend fühlen und alles "schiefgeht" im Leben.

Eine Frau möchte nicht nur geliebt werden, wenn sie ihr schönstes Kleid trägt, sondern auch dann, wenn sie den ganzen Tag in ihrem alten Pyjama herumläuft. Sie möchte nicht nur dann geliebt werden, wenn sie sich geschminkt und ihr Haar stundenlang in die richtige Form geföhnt hat, sondern auch, wenn sie unausgeschlafen ist und ihr Haar ihr so wirr vom Kopf absteht, als hätte sie in eine Steckdose gegriffen.

# Der Schrei nach Liebe

Wir alle sehnen uns nach bedingungsloser Liebe – nicht nur die Frauen, die dies häufig sagen, sondern auch die Männer, deren Sprachlosigkeit oft nichts als ein Schrei nach Liebe ist.

Ein Mann möchte nicht nur dann geliebt werden, wenn er Erfolg hat und wenn er vor Kraft kaum noch gehen kann, er möchte auch dann noch geliebt werden, wenn ihm alles über den Kopf gewachsen ist und er nicht mehr ein noch aus weiß.

Viele Männer möchten weinen, aber sie haben Angst, dass es ihnen später angekreidet wird; viele Männer sehnen sich nach Liebe, aber sie haben Angst, darum zu bitten, weil sie fürchten, den Respekt der Frauen zu verlieren.

Männer möchten um ihrer selbst willen geliebt werden und nicht, weil sie mehr Geld nach Hause bringen oder schneller Karriere machen als andere Männer.

## Innere Schönheit

Wer mit den Augen der Liebe sieht, dem ist die äußere Erscheinung nicht unwichtig, aber sie ist für ihn nicht länger entscheidend. Die innere Schönheit eines Menschen soll sich in seiner Erscheinung widerspiegeln, aber äußere Schönheit kann kein Ersatz für fehlende innere Anmut sein.

Aber gibt es überhaupt einen Menschen, der in seinem innersten Kern hässlich ist? Die Persönlichkeit mancher Menschen mag durchaus hässlich, gemein, nachtragend, kleinlich oder überheblich sein, aber das eigentliche Wesen eines Menschen bleibt davon unberührt.

Wer mit den Augen der Liebe sieht, blickt hinter die Fassade aus Angst und Wut, die viele Menschen um ihren Kern errichtet haben, und sieht das Licht, das dort scheint und auch die schwärzeste Dunkelheit durchdringt.

# Im Rampenlicht der Liebe

Wenn wir geliebt werden, möchten wir die Gewissheit haben, dass wirklich *wir* gemeint sind und nicht jemand, für den andere uns halten. Wir möchten von dem Menschen, der uns liebt, so angenommen werden, wie wir sind, und keine Rolle für ihn spielen müssen.

Wenn wir uns dem Menschen, der uns liebt, nicht so zeigen können, wie wir sind, wem können wir uns dann überhaupt zeigen? Wenn uns der geliebte Mensch nicht so annimmt, wie wir sind, wer kann uns dann überhaupt annehmen?

Wir sehnen uns danach, unsere Masken fallen zu lassen, die oft schon zu unseren Gesichtern geworden sind; wir wünschen uns, unsere Kostüme ausziehen zu können, die zu unserer zweiten Haut geworden sind; wir hoffen, einen Partner zu finden, bei dem wir unsere Rollen einen Augenblick lang vergessen können, um uns im Rampenlicht der Liebe so zeigen zu dürfen, wie wir wirklich sind.

# Licht und Schatten

Wenn der Mensch, der uns liebt, nicht auch unsere größten Ängste und unsere dunkelsten Seiten ertragen – und lieben – kann, wer wird uns dann von Herzen so akzeptieren, wie wir sind?

Wenn wir vor dem geliebten Menschen Geheimnisse haben müssen, weil wir sonst seine Liebe verlieren, müssen wir uns fragen, ob er wirklich *uns* liebt oder nur *das Bild*, das er von uns hat.

Und wenn wir nicht zulassen können, dass der Mensch, den wir lieben, sich uns so zeigt, wie er wirklich ist, können wir dann uns selbst akzeptieren?

Wenn wir nicht auch die dunkelsten Seiten des geliebten Menschen annehmen können, schneiden wir uns nicht auch von den unerwünschten Teilen in uns selbst ab?

Liebe akzeptiert das Ganze und nicht nur diejenigen unserer Facetten, die im Sonnenlicht strahlen. Wer liebt, nimmt den anderen so an, wie er ist – ohne Wenn und Aber.

## Liebe akzeptiert bedingungslos

Liebe urteilt nicht. Wer liebt, urteilt weder über sich selbst noch über den anderen, weil er sich selbst und den anderen in seiner Vollkommenheit erkannt hat.

Liebe akzeptiert bedingungslos. Wer liebt, akzeptiert sich selbst und den anderen Menschen aus den Tiefen seiner Seele, weil er weiß, dass wir alle Gefährten auf dem Weg sind und die gleichen Freuden und Sorgen miteinander teilen.

Die Liebe ist frei, und wer liebt, der gibt sich selbst und dem Partner die Freiheit, so zu sein, wie er ist.

# Die Schwester der Liebe

Die Zwillingsschwester der Liebe ist das Mitgefühl. Die eine kann ohne die andere nicht leben, weil die beiden zusammengehören wie Tag und Nacht.

Wer liebt, erkennt den anderen Menschen in seiner Vollkommenheit und sieht seine strahlende Schönheit und seinen Mut. Wer mitfühlt, erkennt den anderen in seiner Zerrissenheit und sieht seine Angst und seine Verzweiflung.

Wer liebt, weiß, dass sich jeder Mensch danach sehnt, geliebt zu werden und zu lieben. Wer mitfühlt, weiß, dass jeder Mensch leidet und nicht leiden möchte.

In unserer Freude und in unserem Leid sind wir alle untrennbar miteinander verbunden. Liebe und Mitgefühl sind die Brücken über die Abgründe, die uns scheinbar voneinander trennen.

# Die drei schönsten Worte der Welt

Brücken nützen aber nur dann etwas, wenn sie auch begangen werden. Und Liebe und Mitgefühl müssen sich ausdrücken, wenn sie Licht in die Dunkelheit bringen sollen.

Liebe muss in geeigneten Worten ausgedrückt werden und Mitgefühl in angemessenen Handlungen. Es reicht nicht, als Liebesbeweis den Müll rauszutragen oder einen Brillantring zu kaufen. Die Worte selbst müssen gesagt werden.

"Ich liebe dich!" Diese drei schönsten Worte der Welt wollen sanft und warm ins Ohr gehaucht werden; sie wollen auf dem Bahnhof dem abfahrenden Zug hinterhergerufen werden; sie wollen zwischen zwei leidenschaftlichen Küssen atemlos gestammelt werden; sie wollen noch schlaftrunken als Begrüßung gemurmelt werden, wenn wir morgens aus dem Reich der Träume in die Arme des geliebten Menschen zurückkehren.

# Das Hier und Heute

Liebe kann nur in der Gegenwart stattfinden. Sie existiert weder in einer möglicherweise kommenden Zukunft noch in einer längst gewesenen Vergangenheit.

Wenn ich meine Eltern liebe, sollte ich es ihnen *jetzt* zeigen. Wenn ich meine Kinder liebe, sollte ich es sie *jetzt* spüren lassen. Wenn ich meinen Partner liebe, sollte ich ihn *jetzt* mit dieser Liebe überschütten. Später kann es schon zu spät sein, und die Möglichkeit zu lieben und einen anderen Menschen zu beglücken, kann unwiderruflich dahin sein.

Liebe will jetzt gelebt werden. Für sie gibt es kein Gestern und kein Morgen, sondern nur ein ewiges Hier und Heute.

# Mitgefühl als Brücke

So wie die Liebe, so muss auch das Mitgefühl ausgedrückt werden, wenn es wirklich eine Brücke über den scheinbaren Abgrund zwischen zwei Menschen bauen soll.

Aber im Gegensatz zur Liebe ist es beim Mitgefühl nicht so wichtig zu sagen "Ich fühle mit dir!", sondern es praktisch zu zeigen. Es reicht nicht zu behaupten "Ich bin immer für dich da!", wir müssen auch dementsprechend handeln.

Mitgefühl will sich in kleinen Gesten ebenso wie in ganz großartigen ausdrücken: in einem zärtlichen Händedruck für eine Freundin ebenso wie in einem Lächeln für einen Fremden, in materieller Unterstützung bei finanziellen Engpässen ebenso wie in körperlicher Pflege bei Krankheit, in Verständnis bei sexuellen “Eskapaden” des Partners ebenso wie in emotionaler Unterstützung des Vaters beim Tod der Mutter oder umgekehrt.

# Selbstliebe

“Liebe deinen Nächsten wie dich selbst”, heißt es in der Bibel. Aber da viele Menschen Mühe haben, sich selbst zu lieben, wie können sie da einen anderen lieben?

Jeder von uns ist liebenswert, jeder von uns ist liebesfähig. Niemand hat es verdient, nicht geliebt zu werden. Wenn Sie jemanden mit Liebe überschütten möchten, fangen Sie mit sich selbst an.

Schauen Sie sich aufmerksam im Spiegel an, und lassen Sie einen Augenblick lang alle Vorurteile, die Sie gegen sich selbst hegen, beiseite. Sind Sie nicht schön? Sind Sie nicht einzigartig? Sind Sie nicht wertvoll?

Schließen Sie die Augen, und fühlen Sie sich von innen heraus. Merken Sie, wie in Ihnen der Puls des Lebens schlägt? Spüren Sie die Wärme Ihres lebendigen Körpers? Hören Sie die Melodie des Lebens, die ganz zart in Ihnen klingt?

Sie sind liebenswert. Sie sind schön. Sie sind ganz einmalig. Es wird niemals wieder einen Menschen wie Sie geben – nicht in einer Milliarde Jahren.

## Im Innern des Herzens

Wenn wir uns selbst nicht als liebenswert wahrnehmen, werden wir auch Mühe haben, die Liebe eines anderen Menschen anzunehmen. Unter Umständen werden wir ihn sogar dafür verachten, dass er jemanden wie uns liebt, der seine Liebe doch "offensichtlich" nicht verdient hat.

Liebe und Glück lassen sich nicht im Außen finden, sondern nur im Innern des Herzens. Das Herz ist das Organ, das die große Liebe wahrnimmt, in der wir alle leben, und sie als Glückseligkeit auf jede Zelle unseres Körpers überträgt.

Kein anderer Mensch kann uns glücklich machen, wenn wir nicht bereit sind, glücklich zu sein. Und auch wir können niemanden gegen seinen Willen glücklich machen.

Kein anderer Mensch kann uns mit seiner Liebe überhäufen, wenn wir nicht bereit sind, uns von ihm lieben zu lassen. Und auch wir können niemanden lieben, der sich selbst hassen will.

# Genauso wichtig

Viele Menschen schrecken bei dem Wort "Selbstliebe" zurück, denn in ihren Ohren klingt es nach Egoismus, nach narzisstischer Selbstverliebtheit, nach Eitelkeit und selbstbezogener Nabelschau.

Selbstliebe ist aber eher das Gegenteil all dieser Dinge, denn wer sich selbst liebt, hat erkannt, dass er nicht wirklich von anderen getrennt ist, und nimmt daher sich selbst und seine Bedürfnisse genauso wichtig wie die anderer Menschen.

Wir können anderen Menschen nur dann wirklich Gutes tun, wenn wir uns selbst dabei nicht ganz vergessen. Ein Mensch, der sich selbst erniedrigt, um einen anderen zu erhöhen, beleidigt nicht nur sich selbst, sondern auch das Objekt seiner Verehrung.

Wer wahrhaft liebt, kann sich selbst von dieser Liebe nicht ausnehmen, denn er hat nicht nur die Vollkommenheit des anderen Menschen gesehen, sondern auch seine eigene.

# Im Wald sind keine Monster

Der Egoist liebt sich nicht, und deshalb versucht er die innere Leere, die er spürt, durch sinnlose Rituale der Selbstbezogenheit zu füllen. Da er davon ausgeht, dass andere ihn nicht lieben können, weil er sich selbst für verachtenswert hält, tut er wenigstens so, als ob er sich selbst lieben würde. Aber im Grunde glaubt er nicht daran, dass er es wert ist, geliebt zu werden – weder von sich selbst noch von anderen.

Der Egoist ähnelt einem kleinen Kind, das durch einen dunklen Wald läuft und den imaginären Monstern zuruft: "Ihr braucht euch gar nicht erst zu verstecken. Ich kann euch alle sehen!" Er versucht, seine Angst vor den Monstern mit lauter Stimme zu übertönen, dabei gab es im Wald seiner Seele noch nie Ungeheuer, vor denen er sich hätte fürchten müssen.

# Die Tür zum Herzen

Zeigen Sie sich selbst, dass Sie sich lieben. Verwöhnen Sie sich mit Geschenken und mit zärtlichen Worten. Begrüßen Sie Ihr Spiegelbild am Morgen mit einem ehrlichen "Ich liebe dich!".

Wenn Sie Ihre eigene Seele lieben und Ihren Körper verehren, fällt es anderen Menschen leichter, Sie zu lieben und zu verehren. Es ist schwer, einen Menschen zu lieben, der sich selbst hasst. Es ist schwer, einen Körper zärtlich zu berühren, der von seinem Besitzer bestenfalls erduldet wird.

Wenn Sie sich selbst lieben, ist schon ein guter Anfang gemacht. Die Tür zu Ihrem Herzen hat sich ein klein wenig geöffnet, so dass auch die Liebe anderer Menschen hineinströmen kann. Und je mehr andere Sie lieben, desto mehr werden Sie erkennen, wie liebenswert Sie eigentlich sind.

# Nächstenliebe

Bleiben Sie aber nicht bei der Selbstliebe stehen, sondern dehnen Sie die Liebe auf andere aus, bis Sie alle Menschen bedingungslos lieben können.

So wie die Öffnung der Tür des Herzens es der Liebe ermöglicht hineinzuschlüpfen, so erlaubt sie ihr auch, wieder hinauszuschlüpfen und sich auszubreiten. Wer nur sich selbst liebt, hat nicht am ganzen Reichtum der Liebe teil. Wer glaubt, nur einen Menschen lieben zu können und alle anderen davon ausschließen zu müssen, der hat noch nicht den wahren Segen der Liebe erfahren.

Nur wer sich selbst *und* andere liebt, der wird das ganze Ausmaß der Liebe erfahren dürfen. Und je mehr Sie andere lieben, desto mehr werden Sie erfahren, zu welch großer Liebe Sie eigentlich fähig sind.

# Der Sinn des Lebens

Viele Menschen können sich nicht selbst lieben, weil sie glauben, dass sie mit einer "Erbsünde" belastet wären und nur durch Entsagung und Verneinung der irdischen Freuden ihre angeblichen Sünden wiedergutmachen könnten.

Aber kein Mensch wird als Sünder geboren, und es ist sicher keine Sünde, das Leben zu genießen, es von ganzem Herzen zu lieben und die Möglichkeiten des Körpers zu erforschen. Der Sinn des Lebens ist es, zu leben und jede Sekunde, jede Minute und jeden Tag unseres Daseins aufmerksam und dankbar zu erleben und zu genießen.

Wenn der Mensch – wie es in der Bibel heißt – wirklich nach dem Antlitz Gottes geschaffen wurde, wie könnte Gott dann sein Ebenbild nicht lieben?

# Angst vor dem Vater

Was ist Gott für Sie? Ist "Er" für Sie ein alter Mann mit einem weißen Bart, der auf einer Wolke hinter einem mächtigen Schreibtisch thront und in seinem großen Buch unermüdlich die guten und die bösen Taten der Menschen notiert? Ist er für Sie ein rachsüchtiger, zürnender Vater, dem man besser nicht in die Quere kommen sollte, wenn man etwas ausgefressen hat?

Dann leben Sie wahrscheinlich immer mit der Angst, seine hohen Ansprüche nicht erfüllen zu können, nicht gut genug zu sein und seine Liebe nicht verdient zu haben. Und wahrscheinlich werden Sie sich selbst und andere ebenso streng beurteilen, wie Gott Sie angeblich beurteilt.

Dies ist aber glücklicherweise lediglich eine Vorstellung von Gott, die mit der Realität nichts zu tun hat. Niemand wird Sie jemals für das bestrafen, was Sie sind – außer Sie selbst.

## Sicher im Schoß der Mutter

Es ist auch möglich, sich Gott anders vorzustellen. Gott könnte auch eine wunderschöne Frau sein, die aus dem Körper der Erde heraus über alle ihre Kinder wacht, sich um sie sorgt, sie nährt und bedingungslos liebt und sie vor allen Gefahren beschützen möchte.

Wenn das Ihre Vorstellung von Gott ist, wissen Sie, dass Sie sicher im Schoß der großen Mutter aufgehoben sind und dass Sie von ihr alles bekommen werden, was Sie brauchen, um zu leben und zu wachsen.

Gott ist weder das eine noch das andere, da "sein" Wesen für uns Menschen zwar direkt erfahren, aber durch Worte nicht mitgeteilt werden kann; aber unsere Vorstellung von Gott bestimmt, auf welche Weise wir leben und lieben.

# Ein Universum der Liebe

Oftmals scheint es uns, als gäbe es nicht genug Liebe auf der Welt und als müssten wir darum kämpfen, unseren Anteil zu bekommen. Es ist wahr, dass viele Menschen liebesunfähig sind, weil sie verletzt worden sind oder Angst haben, verletzt zu werden. Und auch wir selbst halten manchmal unsere Liebe zurück, weil wir glauben, der andere habe sie nicht verdient.

Aber wir leben nicht in einem Universum des Mangels, in dem die Liebe rationiert wurde und nur den Glücklichen, den Schönen und Erfolgreichen vorbehalten bleibt. Im Gegenteil: Wir leben in einem Universum der Liebe, in dem alle Kräfte zusammenwirken, um unsere Existenz zu ermöglichen, unser Leben zu fördern und unser Glück zu sichern.

Jeder von uns wird vom gesamten Universum liebevoll unterstützt. An uns ist es, diese Liebe anzunehmen und weiterzuverbreiten.

# Liebe ist wie Wasser

Liebe ist wie Wasser: Sie will jede Leere füllen und strömt immer dorthin, wo keine Liebe ist.

Liebe ist wie Wasser: Sie ist weich und fließt um jedes Hindernis herum. Aber wenn sie ihre ganze Macht entfaltet, kann ihr nichts widerstehen, und sie reißt alles mit sich fort, was sich ihr in den Weg stellt.

Liebe ist wie Wasser: Sie will alle, die nach ihr dürsten, ohne Unterschied laben. Sie kümmert sich nicht darum, ob diese es verdient haben oder nicht, ob sie es wert sind oder nicht.

Liebe ist wie Wasser: Sie ist die Grundlage unseres Lebens und die Urheimat, aus der wir alle stammen.

## Die zweite Schwester der Liebe

Die erste Schwester der Liebe ist das Mitgefühl, die zweite ist die Hingabe. Wer liebt, muss sich der Liebe und dem Leben vertrauensvoll hingeben, denn sowohl die Liebe als auch das Leben wollen uns ganz.

Sie wollen uns nicht als passive Zuschauer sehen, sondern als aktive Teilnehmer erleben; sie möchten nicht unser Genörgel hören, sondern unsere Begeisterungsschreie; sie sehnen sich nicht nach einer vorsichtigen Halbherzigkeit, sondern nach einem waghalsigen Hineinspringen in das Meer der Gefühle.

Das Leben und die Liebe wollen uns mit Haut und Haaren, und wenn wir uns ihnen ganz hingeben, werden sie uns mit Geschenken überhäufen und uns eine Welt offenbaren, die so strahlend ist wie tausend Sonnen.

# Angst vor der Liebe

Viele Menschen haben Angst zu lieben, weil sie in der Vergangenheit enttäuscht wurden und nun Angst haben, auch in der Zukunft enttäuscht zu werden.

Viele Frauen wollen sich nicht mehr der Liebe hingeben, weil sie die Blüten ihres Herzens nicht noch einmal der Eiseskälte männlicher Ängste aussetzen wollen. Aber ihre Angst verhindert, dass die Liebe, nach der sie sich über alles sehnen, zu ihnen kommt, und wer sich nicht für die Liebe öffnet, kann auch nicht von ihren heilenden Händen berührt werden. Wer geliebt werden will, muss auch riskieren, enttäuscht zu werden.

Viele Männer wollen sich nicht mehr der Liebe hingeben, weil ihnen die Frauen zu kompliziert zu sein scheinen und sie glauben, dass “Gefühle außer Problemen sowieso nichts bringen”. Aber wer sich seinen Gefühlen nicht öffnet und sie nicht wahrnimmt, der wird von ihnen bei lebendigem Leib aufgefressen und tut nur so, als würde er leben.

# Nur der Wandel ist konstant

Natürlich sehnen wir uns alle nach Sicherheit und hoffen, dass die Liebe, die zu uns kommt, auch immer bei uns bleiben wird; dass der Partner, den wir endlich gefunden haben, uns keine Sekunde lang enttäuschen und uns niemals verlassen wird; dass es in unserem Leben von nun an nur noch Hochs und keine Tiefs mehr geben möge.

Aber so sehr wir uns auch nach diesem Zustand zementierten Glücks sehnen mögen, er wird niemals eintreten, denn die einzige Sicherheit, die es im Leben – und somit auch in der Liebe – gibt, ist die, dass nichts so bleibt, wie es ist, dass sich alles ständig wandelt.

Dass der Wandel die einzige Konstante des Lebens ist, akzeptieren wir gerne, wenn es uns schlecht geht, wenn wir einsam oder verzweifelt sind und auf das Licht am Ende des Tunnels hoffen. Aber wenn alles nach Plan läuft, wenn es uns gut geht und wir frisch verliebt sind, dann wollen wir auf keinen Fall, dass sich dieser Zustand ändert.

## Jeder Anfang hat ein Ende

Alles, was einen Anfang hat, wird auch sein Ende finden. Alles, was geboren wurde, wird eines Tages sterben. Alles, was jetzt neu ist, wird später alt sein.

Dennoch klammern wir uns an der absurden Vorstellung fest, dass das Leben in unserem Fall von der Regel abweichen wird. Ja, wir akzeptieren, dass alle Menschen sterben müssen – aber vielleicht sind wir ja doch die große Ausnahme? Ja, wir beobachten, dass sich die anderen Paare trennen – aber vielleicht muss uns das ja gar nicht passieren?

Wer sich der Liebe in der Hoffnung hingibt, dass von nun an jeder Tag eitel Sonnenschein wäre, wird sicherlich enttäuscht werden. Hingabe an die Liebe bedeutet, keine Forderungen an sie zu stellen, sich ihr ganz und gar anzuvertrauen und sich von ihr führen zu lassen – ganz gleich, wohin sie uns auch mitnehmen mag.

# Das Lied des Vogels

Wer aus vollem Herzen geliebt werden möchte, muss den geliebten Menschen nicht nur so akzeptieren, wie er ist, sondern ihm auch alle Freiheiten lassen. Forderungen sind der Tod der Liebe. Wer sich ändert, um einem anderen zu gefallen, wird diesen irgendwann dafür hassen. Wer seine eigenen Bedürfnisse unterdrückt, um einem anderen Menschen nicht wehzutun, wird irgendwann anfangen, sie heimlich auszuleben. Wer aus Angst, verlassen zu werden, alles tut, um den Partner zu halten, wird ganz sicher irgendwann verlassen werden.

Mit der Liebe ist es wie mit dem berühmten Vogel im goldenen Käfig. Es liegt in der Natur eines Vogels zu fliegen, da die Luft sein Element und Freiheit seine Bestimmung ist. Es spielt keine Rolle, wie luxuriös der Käfig ausgestattet ist, in dem er gefangen gehalten wird. Wer möchte, dass der Vogel singt, der muss die Türen des Käfigs öffnen und ihn fliegen lassen. Vielleicht wird er dann zurückkehren und sein schönstes Lied singen.

# Wandel ist unvermeidbar

Die Liebe und die Menschen lassen sich nicht besitzen. Jeder Mensch verändert sich, und wer uns heute aus vollem Herzen liebt, muss dies nicht auch in zehn Jahren noch tun; der, den wir heute über alle Maßen verehren, mag in fünf Jahren nicht mehr die Krone der Schöpfung für uns sein.

Wandel ist unvermeidbar. Dies anzuerkennen, ist der einzige Weg, Enttäuschungen zu vermeiden. Die Liebe verspricht uns keine Sicherheit für die Zukunft, und was die Liebe nicht vermag, das kann auch kein Mensch.

Je mehr wir uns an einen Partner klammern, desto eher wird er sich uns entziehen. Aber je mehr Freiheit wir ihm geben und je mehr wir ihm vertrauen, desto mehr wird er uns mit den wunderbaren Gaben der Liebe überhäufen.

## Frauen sind verkörperte Liebe

Liebe, Mitgefühl und Hingabe sind Qualitäten des Weiblichen, die jeder Mensch in einem gewissen Maß in sich trägt. Aber Frauen sind das Weibliche in seiner reinsten Ausprägung; sie sind verkörperte Liebe, sie sind der Inbegriff des Mitgefühls und sie sind fleischgewordene Hingabe.

Frauen, die bedingungslos lieben, sind nicht schwach, sondern wahrhaft stark. Frauen, die das Leiden eines anderen Menschen ebenso spüren wie ihr eigenes, sind nicht Überbleibsel einer längst vergangenen Zeit, sondern die Vorboten einer kommenden Welt. Frauen, die sich vorbehaltlos hingeben, sind nicht ängstlich, sondern unglaublich mutig.

Frauen bringen nicht nur das Leben, sondern auch die Liebe in die Welt. Schon allein deshalb haben sie die Verehrung und die Bewunderung der Männer verdient.

# Hingabe ist Stärke

Viele Frauen haben vergessen, was Hingabe ist, weil sie sich davor fürchten und glauben, Hingabe sei gleichbedeutend mit der Unterwerfung einer Sklavin. Aber Hingabe ist die freiwillige Handlung einer selbstbewussten Frau, denn nur wer wahrhaft stark ist, bringt überhaupt den Mut auf, sich hinzugeben.

Nur wer keine Angst vor der Unendlichkeit des Meeres hat, kann sich ihm anvertrauen und sich von seinen Wellen tragen lassen. Wer mit dem Meer kämpft, wird irgendwann erschöpft untergehen.

Die Liebe ist wie das Meer: Sie trägt uns, wenn wir uns ihr hingeben, aber sie verschlingt uns, wenn wir gegen sie ankämpfen und sie kontrollieren wollen.

# Mann braucht Frau

Hingabe ist weder bei Frauen noch bei Männern ein Zeichen von Schwäche, sondern eines von wahrer menschlicher Größe und Stärke. Nur eine Frau, der es gelingt, ihre Angst zu überwinden, kann sich einem Mann ganz und mit Freude hingeben. Und nur durch ihre Hingabe kann der Mann lernen, sich ebenfalls hinzugeben: ihr, der Liebe und dem Leben.
Männer tun oft so, als ob ihnen die Frauen eigentlich nur ein Klotz am Bein sind und als ob sie ohne sie viel glücklicher wären. In ihrem Herzen wissen die Männer es allerdings besser: Ohne Frauen ist für sie überhaupt kein sinnerfülltes Leben möglich.

Der Mann braucht das Beispiel der Frau, um leben zu lernen. Er ist auf ihre Stärke angewiesen, um ebenfalls stark zu sein.

Ein Mann kann nicht ohne die bedingungslose Liebe einer Frau auskommen, um bedingungslos lieben zu lernen.

# Frau braucht Mann

Jede Frau braucht einen Mann, der sie in die höchsten Höhen der Liebe erhebt; einen Mann, der sie aus tiefster Seele verehrt und ihr dadurch zeigt, wie verehrungswürdig sie ist; einen Mann, der sie begehrt und ihr dadurch sichtbar macht, wie begehrenswert sie ist; einen Mann, der bereit ist, sie auf Händen zu tragen und ihr dadurch beweist, wie wertvoll und kostbar sie ist.

Eine Frau braucht einen Mann, der ihr das Tor zum Paradies aufstößt, damit sie ihn an der Welt teilhaben lassen kann, in der sie zu Hause ist und in der er ohne ihre Hilfe nicht leben kann. Aber ohne ihn verhungert sie inmitten des Überflusses und ohne ihn verdurstet sie mit der Quelle des Lebens vor Augen.

## Unser anderes Ich

Männer und Frauen brauchen einander – mehr als beide Geschlechter manchmal wahrhaben wollen. Wir wurden voneinander getrennt, damit wir uns ewig suchen – und finden – können.

Nur gemeinsam können wir zu fühlenden, denkenden und handelnden Menschen werden und alle unsere Anteile in einem harmonischen Ganzen integrieren. Männer und Frauen können alleine nicht ganz werden, wir brauchen den jeweils anderen als unsere Ergänzung und Vervollständigung. Unsere Unterschiede trennen uns nicht voneinander, sondern bereichern uns und führen uns zu unserer höchsten Bestimmung.

Wir suchen im anderen Geschlecht nicht unser Ebenbild, sondern unser anderes

Ich, dessen Samen wir zwar in uns tragen, das sich aber ohne die Hilfe des anderen niemals zu seiner vollen Schönheit entfalten kann.

# Sehnsucht und Bestimmung der Seele

Es liegt in der Natur des Menschen zu lieben. Liebe, nicht Hass, ist unser Urzustand. Es ist die Fähigkeit zu lieben, die uns überhaupt erst zu Menschen macht.

Liebe ist die höchste Sehnsucht und zugleich die wahre Bestimmung unserer Seele, denn Liebe strebt nach Verschmelzung, nach Einssein mit dem Objekt der Liebe und mit der Existenz selbst.

Die Seele ist in der Welt der Einheit zu Hause, der Körper scheinbar in der Welt der Trennungen. Liebe ist die Brücke, die beide Welten miteinander verbindet und uns den Weg zurück nach Hause weist.

Der Körper ist ein Teil der Seele, er ist in ihr so sicher aufgehoben wie die Seele in der Welt der Einheit.

# Die Blumen der Seele

Wenn sich zwei Menschen aus tiefstem Herzen lieben, durchläuft ein wohliger Schauer das ganze Universum. Wenn sich zwei Menschen ihrer höchsten Bestimmung bewusst werden, erblühen Milliarden Sonnen in einer Sekunde.

Liebe ist die persönlichste Angelegenheit der Welt, aber sie ist keine Privatsache, denn die Liebe eines Menschen kann die ganze Welt retten, wie es im Talmud heißt. Es steht dort weiter, dass, solange die Blume der Liebe im Herzen eines einzigen Menschen blüht, Gott die Hoffnung nicht aufgibt und die Welt am Leben erhalten wird.

Wenn sich zwei Menschen lieben, erblühen die Blumen ihrer Seelen und ihre Herzen jauchzen so laut, dass es alle anderen

Herzen hören können. Deshalb bereichert die Liebe zweier Menschen nicht nur sie, sondern die ganze Welt.

## Bereit, verletzt zu werden

Zur Liebe gehört auch die Bereitschaft, seine Verletzlichkeit zuzugeben und sie zu zeigen. Wer liebt, ist immer verletzbar, weil die Türen seines Herzens weit offen stehen. Wer nicht verletzt werden möchte, wird die Liebe nie erleben. Wer Angst hat, enttäuscht zu werden, wird vor der Liebe davonlaufen. Wer Sicherheit und Beständigkeit sucht, wird die Liebe nie finden.

Das Herz, das nicht verletzt werden möchte, wird sich so sehr verschließen, dass es bei lebendigem Leibe zu Stein erstarrt. Aber kein Mensch kann mit einem Stein in der Brust leben. Wenn dort, wo Wärme herrschen sollte, nichts als Kälte ist, stirbt zuerst alle Freude, dann alle Hoffnung und zum Schluss der Mensch, der die Freude verloren und die Hoffnung aufgegeben hat.

Jeder Mensch ist schon allein deshalb verletzlich, weil er Gefühle hat. Nur Roboter sind nicht verletzlich, aber sie können auch nicht lieben – und liebenswert sind sie schon gar nicht.

# Liebe braucht Mut

Es erfordert großen Mut zu lieben, denn jeder von uns ist hundertmal enttäuscht worden und möchte sich nicht noch einmal auf so schmerzhafte Weise seine Illusionen rauben lassen. Aber sind wir nicht gerade deshalb enttäuscht worden, weil wir das *Bild* eines Menschen liebten und nicht *ihn selbst*? Fing nicht unser Schmerz genau in dem Augenblick an, in dem wir erkannten, dass der Mensch nicht so war, wie wir glaubten?

Zur Liebe gehört auch die Bereitschaft, sich noch tausendmal verletzen zu lassen und wieder und wieder enttäuscht, belogen, betrogen, ausgenutzt und verlassen zu werden. Die Werbung verspricht uns "bei Nichtgefallen Geld zurück", aber in der Liebe gibt es eine solche Sicherheit nicht.

Das Herz kann sich nur öffnen – oder nicht öffnen. Es kann nicht wählen, wen es hineinlässt und wen es mit seiner Liebe überschüttet, weil Liebe niemals an Bedingungen geknüpft sein kann.

## Geschöpfe der Liebe

Wer lieben will, muss auch bereit sein, der eigenen Angst und den eigenen Schwächen ins Gesicht zu sehen und nicht vor ihnen davonzulaufen. Wegschauen bestätigt nur unsere Vorurteile, die wir uns selbst gegenüber hegen. Wir hassen uns ja gerade deshalb, weil wir nie den Mut aufgebracht haben zu glauben, dass wir großartig und wunderbar sind.

Sonderbarerweise glauben wir all die Lügen, die uns klein machen, und weigern uns, in das strahlende Antlitz der Wahrheit zu schauen. Aber nur wenn wir uns selbst mit den Augen der Liebe betrachten und in die Tiefen unserer Seele blicken, erkennen wir uns in unserer ganzen Schönheit und begreifen, dass wir selbst Geschöpfe der Liebe sind, dass wir aus Liebe entstanden sind, von der Liebe genährt werden und irgendwann zur Liebe zurückkehren werden.

Je mutiger wir sind, desto mehr können wir uns selbst und andere lieben, und je mehr wir lieben, desto mutiger werden wir dadurch werden.

# Lügen sind der Tod der Liebe

Liebe sollte keine Arbeit machen, sondern Freude bescheren. Liebe ist keine Anstrengung, die unter Einsatz aller Kräfte unternommen werden muss, sondern ein Geschenk, das freudig angenommen werden darf, weil es uns das höchste Glück beschert, das wir Menschen erleben können.

Viele Paare arbeiten an ihrer Liebesbeziehung – und das ist nötig, um Missverständnisse und kleinere Probleme auszuräumen. Aber keine Anstrengung der Welt wird eine Beziehung, aus der die Liebe verschwunden ist, wieder ganz machen können. Über die Liebe und die Gründe für ihr Fehlen oder Nachlassen kann zwar diskutiert werden, aber herbeigeredet werden kann sie nicht.

Wir können das Erscheinen der Liebe nicht rational erklären – und auch nicht ihr Verschwinden. Aber je ehrlicher wir mit uns selbst und mit unserem Partner umgehen, desto länger wird die Liebe bleiben. Und Lügen sind der Tod einer jeden Liebe.

## Das helle Licht der Wahrheit

Wenn sich Unaufrichtigkeit und Lüge in eine Beziehung eingeschlichen haben, befindet sich die Liebe bereits auf dem Rückzug, denn in einer derart vergifteten Umgebung kann sie nicht atmen.

Liebe braucht die klare Luft von Ehrlichkeit und Direktheit, um sich zu entfalten und unser Leben zu verwandeln. Sie will im hellen Licht von Offenheit und Wahrheit bestehen – und nicht in den dunklen Ecken des Verschweigens und Entstellens ein kümmerliches Schattendasein fristen.

Liebe will sich offenbaren; sie sehnt sich danach, so akzeptiert zu werden, wie sie ist; sie möchte ihre Magie entfalten und unser Leben verwandeln – und das kann sie nicht, wenn sie nicht so sein darf, wie sie nun einmal ist.

## Ehrlich sich selbst gegenüber

Warum sollten wir ausgerechnet den Menschen, den wir über alles lieben, anlügen? Warum sollten wir Geheimnisse vor ihm haben? Sind wir uns seiner Liebe so unsicher? Glauben wir allen Ernstes, er würde uns nicht mehr lieben, wenn wir ihm die Wahrheit über uns selbst und unsere Gefühle erzählen?

Und wenn er uns nicht mehr liebt, weil wir ehrlich zu ihm waren, hat er nicht uns bedingungslos geliebt, sondern nur das Bild, das er von uns hatte und in das wir seiner Meinung nach hineinwachsen sollten.

Wir alle bemühen uns nach Kräften, die Erwartungen des Partners, der Eltern oder Kinder zu erfüllen. Aber wenn diese Erwartungen unserem innersten Wesen zuwiderlaufen, werden wir an dem entstehenden Konflikt zugrunde gehen. Daher ist Ehrlichkeit uns selbst gegenüber ebenso wichtig wie Ehrlichkeit gegenüber dem Partner.

## So wie wir sind

Je mehr wir an der Liebe arbeiten, je mehr wir sie verbessern und aus ihr genau das machen wollen, was wir für das höchste Glück auf Erden halten, desto wahrscheinlicher wird sich uns die Liebe entziehen. Je mehr wir sie zu einer berechenbaren Größe machen wollen, desto unberechenbarer wird sie werden.

Denn die Liebe will so akzeptiert werden, wie sie ist: wild und auch zart, mal chaotisch und dann wieder verlässlich, glückselig und freudetrunken, naiv und unlogisch, verträumt und verspielt. Sie will nicht verbessert oder in Schablonen gepresst werden.

Wir alle möchten so angenommen werden, wie wir sind. Wir möchten mit all unseren vermeintlichen Schwächen (die oft genug unsere eigentlichen Stärken sind) geliebt werden; wir möchten akzeptiert werden, wenn es uns gut, aber auch wenn es uns schlecht geht; wir möchten verstanden und ernst genommen werden. Sollten wir dies dann nicht auch der Liebe zugestehen – und unserem Partner?

# Der größte gemeinsame Nenner

Viele Beziehungen verkümmern und sterben, weil die Partner nicht mehr das Höchste ineinander sehen, nachdem die erste Leidenschaft abgekühlt ist, und sich nicht mehr gegenseitig darin unterstützen, ihr Potenzial voll zu verwirklichen, sondern sich nun – und wahrscheinlich bis zum offiziellen Ende der Beziehung – auf der Ebene des kleinsten gemeinsamen Nenners begegnen.

Und diese ist immer die Ebene der Ängste und Sorgen, der Neurosen und Liebesunfähigkeit, der Langeweile und des Anödens, des Festhaltens am eigenen Ego und der Notwendigkeit, das Ego des anderen den eigenen Wünschen anzupassen. In einer solchen Atmosphäre muss die Liebe sterben.

Die Liebe kann nur auf der Ebene des größten gemeinsamen Nenners leben, auf der wir die Vollkommenheit des anderen sehen und einander bedingungslos darin unterstützen, diese zu verwirklichen.

# Offen und ehrlich

Solange wir uns auf "Fehler" und "Schwächen" konzentrieren, entgeht uns die wahre Schönheit des anderen Menschen. Solange wir von ihm fordern, er möge uns auf die Weise lieben, mit der wir schon vertraut sind, entgeht uns das wahre Ausmaß der Liebe, das möglich ist.

Wir verlieben uns ineinander, weil wir quasi einen Moment lang unachtsam waren und unsere gewohnheitsmäßig ausgefahrenen Schutzschilde für kurze Zeit abgestellt hatten, so dass ein Strahl der Liebe zu uns durchdringen konnte.

Solange wir glauben, wir seien nicht gut genug für unseren Partner und müssten uns verbessern, um ihm zu gefallen, verstecken wir unser wahres Wesen, das er ja in einem

Augenblick reiner Liebe wahrgenommen hat, hinter immer neuen Schichten der Lüge. Und kein Mensch kann einen anderen lieben, wenn er von ihm angelogen wird, denn der Weg der Liebe ist immer auch der Weg absoluter Offenheit und Ehrlichkeit.

# Keine Angst vor der eigenen Vollkommenheit

Es macht uns Angst, groß, schön, wunderbar und vollkommen zu sein, weil wir es gewohnt sind, uns klein zu fühlen und nur so zu tun, als ob wir groß und stark wären. Weil wir uns selbst hässlich finden, tun wir alles, damit wenigstens die anderen uns schön und wunderbar finden; weil wir glauben, unvollkommen zu sein, arbeiten wir ein Leben lang daran, vollkommen zu werden oder geben enttäuscht auf, weil "aus uns ja doch nichts wird".

Aber solange wir daran arbeiten, etwas zu *werden*, können wir es nicht *sein*; solange wir nach Vollkommenheit streben, können wir nicht erkennen, dass wir schon vollkommen sind; solange wir nach der Liebe suchen, werden wir sie niemals finden. Denn Liebe ist nicht dort draußen bei einem anderen Menschen zu finden, sondern hier drinnen im eigenen Herzen.

## Lebendige Beziehungen

Eine Beziehung ist ein lebendiger Prozess, der von Veränderung und Weiterentwicklung lebt. Eine Liebesbeziehung in eine starre Form pressen zu wollen, die sich unter keinen Umständen verändern darf, ist der sicherste Weg, die Liebe zu vertreiben und die Beziehung zu zerstören. Die äußere Form mag zwar noch jahrzehntelang weiter bestehen, aber der Funke der Liebe, der einer Beziehung überhaupt erst seine Schönheit und seinen Sinn verleiht, ist längst von der Angst und dem Streben nach Sicherheit erstickt worden.

Der Wunsch nach Sicherheit und die Ängste der Menschen sind die ärgsten Feinde der Liebe. Kein Mensch kann in einem Klima der Angst leben und lieben. Die Angst, zu viel zu lieben oder zu wenig, nicht genug zu bekommen oder zu viel zu geben, nicht gut genug oder zu gut für den anderen zu sein, wird im Laufe der Zeit auch die größte Liebe töten.

## Liebe braucht Verständnis

Liebe braucht Verständnis, denn der Mensch, den wir lieben, unterscheidet sich von uns in vielerlei Hinsicht. Er wurde unter anderen Bedingungen geboren, ist auf unterschiedliche Weise aufgewachsen, hat andere Erfahrungen gemacht, hat nicht dieselben Vorlieben und Abneigungen entwickelt wie wir – und doch ist er uns auf geheimnisvolle Weise ungeheuer vertraut.

Wenn wir ihm in die Augen schauen, glauben wir, uns selbst zu sehen; wenn wir seine Stimme hören, läuft uns ein wohliger Schauer des Erkennens den Rücken hinunter; wenn er uns anfasst, fliegen wir ins Paradies, und wenn er sich von uns abwendet, stürzen wir hinab in die Hölle.

Weil unser Partner ein Mensch mit eigenen Träumen und Ängsten ist, sollten wir Verständnis für ihn haben, wenn er etwas tut, was wir nicht tun würden; wir sollten ihm vorurteilsfrei zuhören, wenn er etwas sagt, was uns nie in den Sinn kommen würde; wir sollten akzeptieren, dass er etwas nicht kann, was uns leichtfällt.

# Was liebt, will eins werden

Was liebt, will eins werden. Wer liebt, will alle Trennungen überwinden. Wer sich der Liebe bedingungslos hingibt, will totale Verschmelzung und die Aufhebung aller Grenzen.

Alle Menschen sehnen sich auf die eine oder andere Weise nach Liebe und suchen ihr Leben lang danach – oft ohne sie zu finden. Die Sehnsucht nach Liebe ist letzten Endes der bestimmende Faktor des menschlichen Lebens. Sie ist auch die Sehnsucht nach der Heimkehr in den paradiesischen Urzustand, aus dem wir alle kommen.

Die Sehnsucht nach Liebe ist genau genommen die Sehnsucht nach Gott.

## Unser wertvollster Schatz

Da unsere größte Sehnsucht die nach Vereinigung ist, schmerzt es uns besonders, wenn wir von einem geliebten Menschen verlassen werden oder wenn wir uns von einem Menschen trennen, den wir einmal geliebt haben. Wir zermartern uns das Hirn, wir zerreißen uns das Herz, wir verzweifeln an der Welt und an der Liebe, weil wir ausgestoßen werden aus dem Paradies der Einheit und hineingeworfen werden in die Hölle des Alleinseins.

Das Leben ist deshalb so besonders kostbar, weil es endet. Würde es ewig währen, würden wir uns vor lauter Langeweile wünschen, es beenden zu können. Alles, was beginnt, endet einmal, und auch jede Beziehung wird irgendwann zu Ende sein – ob nach einer Woche, einem Jahr oder fünf Jahrzehnten, spielt dabei keine Rolle. Weil sie irgendwann enden wird, ist jede Beziehung so einmalig und kostbar. Wir sollten sie niemals als selbstverständlich ansehen und sie wie unseren wertvollsten Schatz hüten.

# Liebe ist das größte Geschenk

Wir haben kein Recht auf Liebe, und wir können sie uns auch nicht verdienen.

Wir können sie nirgends einklagen, wenn wir sie nicht bekommen; wir können niemanden auf Schadensersatz verklagen, wenn er uns nicht liebt; wir können sie nicht für Geld kaufen oder sie gegen gutes Benehmen oder leere Versprechungen eintauschen.

Der Grund dafür liegt in der einfachen Tatsache, dass Liebe ein Geschenk ist, das über uns ausgeschüttet wird, wenn wir bereit sind, es anzunehmen.

Wir können nichts tun, um sie zu erzwingen; wir können niemanden überreden, uns zu lieben; wir können uns selbst durch keinen Trick dazu bringen, jemanden zu lieben, den wir nicht lieben.

Liebe ist das größte Geschenk, das das Leben für uns bereithält. Wir können es nur dankbar annehmen.

# Innerer Friede

Ist es nicht ein Wunder, dass es Menschen gibt, die uns lieben und uns so wahrnehmen, wie wir uns selbst nur in seltenen gesegneten Momenten sehen können? Aus irgendeinem Grund haben diese Menschen einen Blick hinter die Fassade geworfen, die wir um uns errichtet haben, und in den Tiefen unserer Seele unser wahres Wesen gesehen. Nackter und verletzlicher können wir ihnen nie wieder begegnen.

Weil die Menschen, die uns lieben, unser wahres Selbst gesehen haben, können sie uns helfen, uns selbst zu erkennen. Und je mehr wir mit unserem wahren Selbst vertraut werden und wissen, wer wir wirklich sind, desto leichter fällt es uns auch, das wahre Wesen anderer Menschen hinter all ihren Masken und Verkleidungen zu erkennen und ihnen zu helfen.

Liebe ist der beste Weg zu innerem Frieden, denn Liebe *sucht* nicht, sie *ist* einfach.

# Die Weisheit des Lebens

Viele Menschen glauben, unter der Liebe zu leiden, weil sie diese mit Begierde verwechseln. Aber Liebe kann nie zu Leiden führen, denn Leiden entsteht durch Trennung, und die Liebe überwindet alle Grenzen und hebt jede Trennung auf.

Wir bekommen im Leben nicht immer das, was wir wollen, und wir werden nicht immer von den Menschen geliebt, von denen wir geliebt werden möchten. Vertrauen Sie der uralten Weisheit des Lebens, die auch in Ihrer Brust schlägt. Das Leben wird uns immer die Geschenke geben, die wir brauchen, um zu wachsen und unserer höchsten Bestimmung ein Stück näher zu kommen. Und die Liebe wird immer in Gestalt der Menschen zu uns kommen, die uns auf unserem Weg wirklich weiterhelfen und uns statt eines kurzen Augenblicks der Leidenschaft immerwährende Glückseligkeit schenken.

# Einladung an die Liebe

Sehnen Sie sich nach Liebe?

Vertrauen Sie darauf, dass sich die Liebe auch nach Ihnen sehnt, und öffnen Sie ihr Ihr Herz, damit Sie sie wahrnehmen können.

Sehnen Sie sich danach, geliebt zu werden?

Vertrauen Sie darauf, dass Sie liebenswert sind und dass es Menschen gibt, die dies erkannt haben, die Sie lieben und Ihnen ihre Liebe zeigen möchten.

Sehnen Sie sich danach zu lieben?

Vertrauen Sie darauf, dass Sie liebesfähig sind und dass es Menschen gibt, die sich zu Ihnen hingezogen fühlen und von

Ihnen geliebt werden möchten und nur darauf warten, dass Sie ihnen Ihre Liebe zeigen.

Warten Sie nicht, bis alles genau so ist, wie Sie es sich vorstellen. Machen Sie noch heute einen Schritt auf die Liebe zu, und öffnen Sie ihr Ihr Herz.

# Das Paradies ist jetzt und hier

Die Liebe wird Ihnen ihrerseits das Tor zu einer Welt öffnen, die wunderbarer ist, als Sie es sich in Ihren kühnsten Träumen vorstellen könnten.

Wir selbst vertreiben uns täglich aus dem Paradies, weil wir unsere Ängste und Vorurteile zwischen uns und die Liebe stellen. Und dennoch lebt die Sehnsucht nach ihr im Herzen eines jeden Menschen weiter.

Seien Sie mutig.
Wer das große Glück erleben möchte, der muss auch bereit sein, den großen Schmerz zu ertragen. Lassen Sie sich vertrauensvoll in die Arme der Liebe fallen, und geben Sie sich ihr ganz hin.

Im Schoß der Liebe sind wir alle endlich zu Hause, hier ist unsere wahre Heimat, aus der uns niemand jemals wieder vertreiben kann.

# Über den Autor

**Manfred Miethe**, 1950 in Hamburg geboren, ist ein schweizerisch-deutscher Philosoph, Schriftsteller und Übersetzer. Zudem praktiziert und lehrt er seit 1972 asiatische Kampf- und Heilkünste. Nach einer kaufmännischen Lehre und einem abgebrochenen Studium der Sozialpädagogik verließ Miethe Hamburg und siedelte 1979 in die USA über, wo er bis 1991 blieb. Dort arbeitete er unter anderem als Koch, Bäcker, Masseur, Deutschlehrer, Teppich- und Schuhverkäufer sowie als Kampfkunstlehrer und Plakatkleber. 1991 kehrte er nach Deutschland zurück und übernahm zunächst die Chefredaktion der Zeitschrift

*Connection*, später dann das Lektorat des Integral Verlages.
Seit 1993 ist er als freiberuflicher Schriftsteller und Übersetzer tätig. Bis heute hat er mehr als 160 Bücher aus dem Englischen ins Deutsche übersetzt, zudem hat er 23 Bücher geschrieben, vier davon als Ghostwriter.
Seit 1997 lebt Miethe in der Schweiz; mit der Annahme der Schweizer Staatsbürgerschaft wurde er 2011 schweizerisch-deutscher Doppelbürger.
Er ist verheiratet, hat vier Töchter und vier Enkelkinder. Neben dem Schreiben widmet er sich vor allem der Meditation, dem Qigong und seinen Enkeln.

Manfred Miehte

## Trennung – Ein neuer Anfang

*Verstehen · vergeben · weitergehen*

Dieses Buch lädt ein, die Trennung von einem geliebten Menschen wirklich zu verarbeiten und ihn ehrlich loszulassen. Es zeigt auf, wie jeder gestärkt aus einer solchen Erfahrung hervorgehen kann, um den strahlenden Beginn eines neuen Tages zu genießen.
Ein Schritt zum Verstehen, Vergeben, Weitergehen ...

192 Seiten, farbig, broschiert
ISBN 978-3-89845-405-6
€ [D] 6,95

Elizabeth Clare Prophet

## Mitgefühl

*Gärten des Herzens*

Mitgefühl entspringt dem Wunsch, anderen zu helfen und dem Bedürfnis, anderen Trost zu spenden.

Mitfühlende Worte tun der Seele wohl und zeigen jenen, denen wir mit Mitgefühl begegnen, dass wir sie lieben. Gefühlvoll geleitet Elizabeth Clare Prophet uns zur mitfühlenden Liebe, nach der sich die Seele sehnt.

144 Seiten, 2-fbg., broschiert
ISBN 978-3-89845-381-3
€ [D] 6,95

Elizabeth Clare Prophet

**Freude**

*Gärten des Herzens*

Wir alle sehen uns danach, von tiefer, dauerhafter Freude erfüllt zu sein. Elizabeth Clare Prophet verrät in diesem Buch das Rezept der Freude. Um das Wunder der Freude zu erleben, sollten wir uns an den guten und schönen Dingen erfreuen. Und wenn wir unsere Freude mit anderen teilen, wird diese noch größer werden.

136 Seiten, 2-fbg., broschiert
ISBN 978-3-89845-383-7
€ [D] 6,95

Elizabeth Clare Prophet

**Vergebung**

*Gärten des Herzens*

Vergebung besitzt die Macht, unser Leben zu verwandeln und Verletzungen des Herzens und des Geistes zu heilen. Dieses Buch zeigt, wie wir uns selbst vergeben und dadurch in die Lage versetzt werden, auch anderen zu vergeben. Elizabeth Clare Prophet zeigt uns, wie wir frei von der Vergangenheit und somit heil werden.

128 Seiten, 2-fbg., broschiert
ISBN 978-3-89845-384-4
€ [D] 6,95

Chris Prentiss

## Das 9x9 der Lebensweisheiten

*Kostbare Geheimnisse für ein glückliches Leben*

Chris Prentiss hat nach den Geheimnissen geforscht, die uns anhaltendes Glück bescheren. Dabei hat er einen Weg entdeckt, der zu den wunderbaren Gaben geführt hat, nach denen wir uns alle sehnen: wahre Freundschaft, Frieden, Glück, liebevolle Beziehungen sowie ein einträglicher Beruf. Die 81 Geheimnisse in diesem Buch werden auch Sie frei machen, beschützen und Ihnen Glück bringen

192 Seiten, 2-fbg., Klappenbr.
ISBN 978-3-89845-335-6
€ [D] 14,90

Eileen Caddy & David E.Platts

## Die Tore zur Liebe öffnen

*Ein Findhorn-Buch*

Wir alle sind mit der Fähigkeit geboren, uns selbst und andere zu lieben. Schmerzvolle Erfahrungen haben jedoch dafür gesorgt, dass viele von uns innere Schutzwälle errichtet haben. Die wichtigste Lektion im Leben ist es daher, wieder lieben zu lernen ... Dieses Buch lädt Sie ein, die freie Entscheidung zu treffen, mehr Liebe in Ihr Leben zu bringen, und es hilft Ihnen, diese Entscheidung Schritt für Schritt klar und entschlossen umzusetzen.

232 Seiten, Klappenbr.
ISBN 978-3-89845-288-5
€ [D] 14,90

Dr. phil. Georg Rupp

## Befreiung aus dem Hin & Her des Lebens

*Lass dein Herz entscheiden*

Der Psychologe Dr. Georg Rupp lädt Sie ein, sich auf das Wesentliche zu besinnen, auf das, was wirklich wichtig ist. In unserer Überflussgesellschaft hindern uns die endlosen Wahlmöglichkeiten oft daran, die richtigen Entscheidungen zu treffen. Dieser Ratgeber der besonderen Art zeigt, wie Sie das ewige gedankliche Hin und Her abschalten und auf Ihr Herz hören können, wo die Antworten leicht zu finden sind.

184 Seiten, 2-fbg., broschiert
ISBN 978-3-89845-355-4
€ [D] 14,90

Kurt Tepperwein

## In der Mitte deiner Gefühle

Unser ganzes Leben besteht aus Beziehungen, und ob wir wollen oder nicht, Beziehungen lösen immer wieder Emotionen in uns aus. Doch kaum ein Mensch hat noch einen unverfälschten Zugang zu seinen Gefühlen.
Kurt Tepperwein lädt Sie ein, sich näher auf Ihre Gefühle einzulassen. Durch die bewusste Handhabung der Gefühle entwickeln Sie eine immer stärkere emotionale Kompetenz und gelangen schließlich zur emotionalen Freiheit.

160 Seiten, broschiert
ISBN 978-3-89845-395-0
€ [D] 6,95